D1449329

SUPERESTRELLAS DEL BÉISBOL

ALEX RODRIGUEZ

A LA CUMBRE!

¡A-Rod rompe registros y es una superestrella del béisbol!

2011

Ayuda a los Yankees ganar la Serie Mundial.

2009

Rodriguez es enviado con Los Yankees a la Ciudad de Nueva York.

2003

Los Rangers de Texas firman con Rodriguez a diez años por 250 millones de dólares (US), el contrato más grande en la historia del deporte hasta la fecha.

2001

¡Los Marineros de Seattle contratan a Alex cuando tenía solamente 17 años!

1993

Su familia regresa a los Estados Unidos, donde Alex juega béisbol en "el Club de Chicos y Chicas" de Miami, Florida.

1982

Su familia se muda a la República Dominicana.

1979

Alex Rodriguez nació el 25 de julio, en la Ciudad de Nueva York en los Estados Unidos.

1975

Mason Crest
370 Reed Road
Broomall, Pennsylvania 19008
www.masoncrest.com

Impreso y encuadernado en Estados Unidos de América

Primera Impresión
9 8 7 6 5 4 3 2 1

Library of Congress Cataloging-in-Publication Data

Rodríguez Gonzalez, Tania
 [Alex Rodriguez. Spanish]
 Alex Rodriguez / by Tania Rodriguez.
    p. cm.
 Includes bibliographical references and index.
 ISBN 978-1-4222-2621-6 (hardcopy : alk. paper) – ISBN 978-1-4222-2617-9 (series hardcopy : alk. paper) – ISBN 978-1-4222-9112-2 (ebook : alk. paper)
 1. Rodriguez, Alex, 1975—Juvenile literature. 2. Hispanic American baseball play-ers–Biography–Juvenile literature. 3. Baseball players–United
States–Biography–Juvenile literature. I. Title.
 GV865.R62R6418 2012
 796.357092–dc23
 [B]
                              2012024276

Harding House Publishing Services, Inc.
www.hardinghousepages.com

RECONOCIMIENTOS GRÁFICOS:
Ben Borkowski: p. 27
Keith Allison: p. 15, 24, 28
Luis Silvestre: p. 6, 7, 8, 10
Mangin, Brad: p. 12, 14, 16, 18, 19, 20, 21, 22, 25, 26, 27

ALEX RODRIGUEZ

Capítulo 1

El Comienzo

Pocas estrellas son tan famosas como Alex Rodríguez. En todo el mundo los fanáticos del béisbol conocen el nombre "A-Rod"; saben acerca de sus premios y récords y sobre los millones de dólares que le pagan por jugar. Es tan famoso que la gente incluso sabe con quien sale. ¡Todo lo que tiene que ver con A-Rod sale en las noticias!

Ha estado jugando béisbol en las *Ligas Mayores* por más de quince años; en ese tiempo ha estado en el *Juego de Las Estrellas* catorce veces y reconocido como Jugador Más Valioso (MVP) en tres ocasiones. Su equipo ha ganado Series Mundiales. A-Rod ha hecho casi de todo en béisbol.

Como dominicano-americano, A-Rod nació dentro de una rica *herencia* beisbolera. ¡El deporte de la pelota caliente ha sido el núcleo de la vida dominicana por más de cien años!

Béisbol y la República Dominicana

Los Estados Unidos trajo el béisbol a Cuba a mediados de 1860, desde donde los inmigrantes cubanos, huyendo de su país por la guerra de los 10 años (1868–1878), llevaron el juego a todo el Caribe, incluyendo la República Dominicana. Los isleños recibieron el deporte con brazos abiertos y empezaron a organizar equipos y campeonatos; para 1920, esos equipos competían con otros países del Caribe y equipos norteamericanos.

El béisbol se hizo más popular en el sur de Quisqueya, donde generaciones de cañeros aprendieron a jugarlo durante las temporadas bajas. Los dueños de los ingenios motivaban a sus empleados a participar en las prácticas e incluso les daban apoyo financiero a los equipos. Es de esta parte del país de donde todavía surge un gran número de beisbolistas que continúan de manera *profesional*.

Hoy por hoy hay jugadores dominicanos distribuidos en todos los 30 equipos de las Ligas Mayores, los cuales tienen campamentos de entrenamiento en la República Dominicana para cazar talentos y entrenar jugadores que pudieran tener potencial profesional. Desde campos de diamante en terrenos baldíos al Estadio Quisqueya, el béisbol está por toda la isla—¡y en el mundo entero, todos saben que los dominicanos son sorprendentes beisbolistas!

Inicios

Alex Rodriguez nació el 25 de julio de 1975 en Nueva York. Sus padres—Víctor y Lourdes—eran dominicanos pero se habían mudado a los Estados Unidos antes que Alex naciera. Víctor tenía una tienda de zapatos en la ciudad, pero alguna vez fue beisbolista en su tierra natal. Alex tenía un hermano

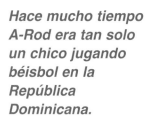

Hace mucho tiempo A-Rod era tan solo un chico jugando béisbol en la República Dominicana.

La República Dominicana es una nación pobre—pero tiene una rica herencia beisbolística.

mayor—Joe—y una hermana mayor— Suzy.

En 1979 cuando tenía cuatro años, su familia regresó a Quisqueya; Víctor estaba listo para dejar la tienda de zapatos en Nueva York y se llevó a su familia a Santo Domingo, donde era dueño de una farmacia. Los Rodríguez vivieron en la isla tres años, pero les resultaba muy difícil ganar dinero para sostener a su familia, así que decidieron regresar a los Estados Unidos cuando el menor tenía siete años. Esta vez fueron a vivir a Miami, Florida.

Como muchos chicos creciendo en Quisqueya hoy, Alex aprendió a amar el béisbol cuando aún era muy joven.

¿Quienes Son Cal Ripken Jr. y Keith Hernández?

Cal Ripken es una de las superestrellas del mundo del béisbol; ganó dos premios MVP, marcó varios records de campo y ayudó a Los Orioles de Baltimore a ganar la Serie Mundial antes de retirarse en el 2001. Es conocido por sus poderosos bateos.

Keith Hernández es otra superestrella de la pelota caliente. Jugó con Los Mets de Nueva York y les ayudó a ganar la Serie Mundial. Jugó primera base y ganó muchos premios, incluyendo el MVP y el Guante de Oro.

Pronto el padre abandonó a la familia, pero Alex ya había aprendido mucho de su papá, especialmente su amor por la pelota caliente. Ahora sus héroes eran Cal Ripken Jr. y Keith Hernández, y era fanático de los Mets de Nueva York.

Después que su esposo se fue, Lourdes continuaba apoyando la pasión de su hijo por el béisbol, pero también tenía que trabajar para traer comida a la mesa. Como madre soltera, tuvo que aceptar dos trabajos para ganar suficiente dinero; de día trabajaba como secretaria y de noche como mesera en un restaurante.

A veces la situación era difícil para la familia, pero fueron también épocas importantes para el joven Alex, quien después de muchos años declararía a la revista People cuanto aprendió del trabajo duro de su madre: "Cuando mamá llegaba a casa, yo siempre contaba sus propinas para ver como le había ido. ¡Ella me enseñó el significado del trabajo duro y el compromiso!"

El joven beisbolista jugó en el Club de Chicos y Chicas de Miami, y allí un entrenador—Eddie Rodriguez—notó su potencial. (No eran familiares, solo tenían el mismo apellido.) Muy pronto, Eddie se portaba como el padre de Alex, enseñándole mucho más del béisbol y ayudándole en medio de lo duro que era crecer sin su padre.

A medida que crecía, el béisbol era una parte importante de su vida. Sus mejores recuerdos estaban conectados con el juego.

Capítulo 2

HACIÉNDOSE
PROFESIONAL

En su adolescencia, Alex asistió a la Secundaria Cristiana de Westminster en Miami. Le encantaba jugar béisbol con sus compañeros y era realmente bueno; jugó fútbol americano también y trabajó duro para ser el mejor atleta posible.

Durante sus dos últimos años de bachiller, al equipo le fue muy bien. Alex jugó campo corto y era uno de los mejores jugadores. Ganó premios y mucha gente decía que estaba destinado a jugar en las Mayores cuando creciera. . . . ¡Tenían toda la razón!

Estando a punto de graduarse, Alex empezó a buscar universidades. La Universidad de Miami lo convenció de jugar béisbol y fútbol americano lo que le sonó bastante bien. Firmó una carta diciendo que iría a la Universidad de Miami. Pero muy pronto sus planes cambiarían. . . .

Los caza talentos de las Ligas Mayores habían venido a verlo jugar. Muchos otros caza talentos ya le habían visto jugar para el Westminster. Y en junio del 93, Alex era la elección número uno del proyecto de las Grandes Ligas. Los Marineros de Seattle lo habían seleccionado cuando apenas tenía 17 años.

La oferta era demasiado buena como para resistirse, así que en lugar de ir a la universidad, se fue para las Ligas Mayores. Sus sueños se estaban volviendo realidad—¡y era todavía muy joven!

No había oído de su padre en mucho tiempo, pero la semana en que fue elegido por Seattle, su padre se comunicó con él tras haber escuchado las buenas noticias. El joven no estaba seguro como sentirse respecto a Víctor. . . . Le alegraba saber de él después de tantos años, pero a la vez se sentía molesto por haberlos abandonado. El hombre que le contagiara su amor por el béisbol también lo había dejado cuando aún era muy joven. Su padre no había sido parte de la vida de Alex en muchos años, y de hecho aún era así, en el tiempo en que el beisbolista se iba hacia las Grandes Ligas.

Otras personas le habían ayudado mucho más que su padre a llegar a donde estaba y eso le hacía sentir triste y molesto a la vez. Viajó a jugar con Los Marineros, sintiéndose feliz y orgulloso, pero aún no se reconciliaba con su papá—y esto era una cicatriz dolorosa en su vida.

Las Menores

Cuando un equipo selecciona a un jugador, usualmente empieza en equipos de las *Ligas Menores* para darle más práctica y la oportunidad de mejorar sus habilidades antes que empiecen a jugar con las Ligas Mayores. Así es que en 1994

A-Rod posa con un guante antes de un partido.

Rodriguez empezó a jugar para los equipos de Liga Menor de Seattle en Wisconsin y Florida; luego jugó para Los Cañones de Calgary.

Lo hizo tan bien que lo promovieron a Los Marineros de Seattle rápidamente. ¡Para julio estaba jugando en las Mayores!

Las Mayores

Cuando empezó jugando campo corto para Los Marineros apenas tenía 18 años. Lamentablemente, su primer temporada no duró mucho porque la huelga de beisbolistas del 94 hizo cerrar antes de tiempo. ¡Solo pudo jugar un mes!

No había jugado tan bien como sus entrenadores esperaban, así que lo enviaron a entrenar a la República Dominicana. Una vez en la isla enfrentaría jugadores de todo el mundo y aprendería mas sobre el juego, haciéndose cada vez mejor; luego volvería a Seattle y sería el mejor jugador que todos sabían que sería.

Jugar en Quisqueya no fue fácil para A-Rod; muchos beisbolistas dominicanas eran muy, muy buenos. Muchos años después, declararía a la revista americana *Sports Illustrated*

Alex Rodríguez se había convertido en una superestrella del béisbol.

que haber jugado en Quisqueya "¡fue la experiencia más dura de mi vida!"

Mientras estaba en la isla, su padre llegó a una de sus prácticas; el joven estaba sorprendido de verlo al otro lado del campo. No había oído de él desde aquella vez que Los Marineros lo habían seleccionado y ni siquiera sabía que estaba en la República Dominicana.

Pero Alex no sabía todavía que sentir hacia su padre. Tuvieron oportu-

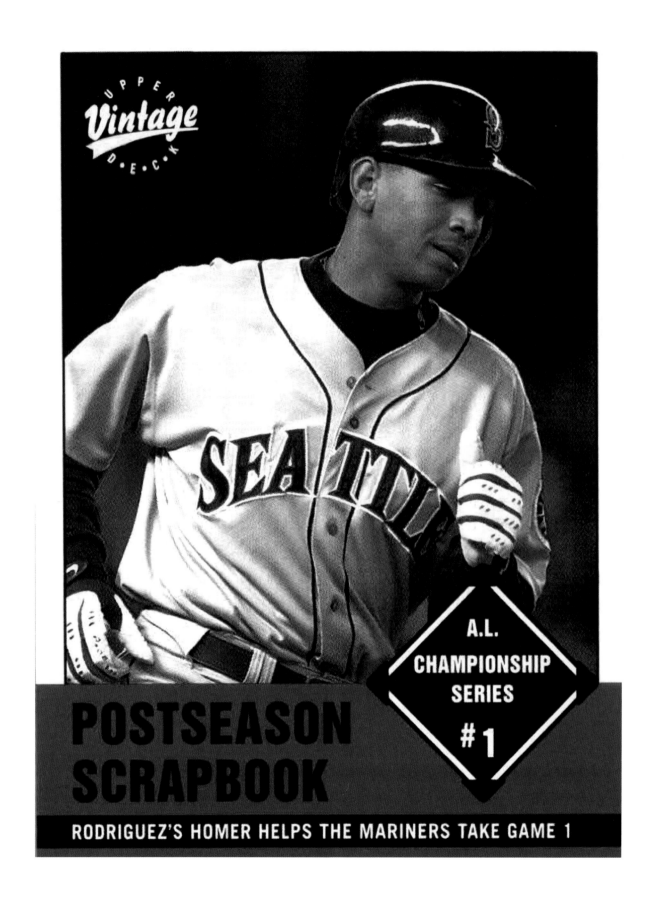

UPPER
Vintage
D · E · C · K

A.L.
CHAMPIONSHIP
SERIES
#1

POSTSEASON
SCRAPBOOK

RODRIGUEZ'S HOMER HELPS THE MARINERS TAKE GAME 1

nidad de conversar un poco pero no pasaron juntos mucho tiempo. De todas formas la relación estaba empezando a abrirse un poco y Rodríguez incluso le envió un regalo a su papá cuando volvió a Seattle: una antena satelital para que pudiera verlo jugar con Los Marineros.

Para 1995 ya estaba de regreso con Los Marineros, pero solo jugó parte del año con el equipo y el resto de la temporada estuvo con un equipo de las Ligas Menores: Los Tacomas de Washington. Pasaba de un lado al toro entre ambos equipos por el resto del año; jugaba mejor que la vez anterior, pero aún no lo hacía tan bien como muchos pensaban que podía llegar a hacerlo.

Un año después, todo eso cambió y jugó su primera temporada completa con Los Marineros. Lo hizo tan bien como se esperaba de él, con 36 jonrones y 123 bateos en *carreras impul-*

sadas. Fanáticos y escritores deportivos empezaban a decir que A-Rod sería uno de los próximos grandes beisbolistas. Jugó bien en campo corto y era un excelente bateador. Sabía como jugar buen béisbol y era aun muy joven. ¡Estaba seguro que lograría ser aún mejor!

Por unos pocos votos no logró el premio MVP de la MLB en el 96; de lo contrario habría sido el beisbolista más joven en jamás recibirlo. Para ese momento era el campo corto más joven en participar en el Juego de Las Estrellas en la historia del béisbol. ¡Y la Prensa Asociada lo eligió como el Jugador del Año 96 de las Ligas Mayores!

Rodriguez se ha convertido en una de las estrellas más jóvenes de la pelota caliente. Ahora se convertiría en uno de los más grandes beisbolistas de todos los tiempos.

Capítulo 3

Convirtiéndose en una Superestrella del Béisbol

Durante algunas de las temporadas siguientes, Alex jugó mucho mejor, haciéndose cada vez más famoso. Pronto A-Rod sería uno de los más famosos beisbolistas.

Rodríguez se reúne con la prensa antes de un partido.

A-Rod en acción contra los A's de Oakland en el Coliseo de Oakland, California, en 1997.

Mejorando

En 1998, A-Rod bateó 42 jonrones y robo 46 bases, lo que lo hace uno de los tres jugadores en la historia del béisbol en lograr más de 40 jonrones y 40 bases robadas en el mismo año. Para 1999, bateó 42 jonrones de nuevo; no obstante debió ausentarse de muchos juegos debido a una lesión lo que hace aun más sorprendente el número de jonrones logrado.

En el año 2000, Alex siguió jugando, anotando 41 jonrones; incluso Los Marineros casi llegan a la Serie Mundial, perdiendo con los Yankees de Nueva York en el encuentro por el campeonato de la Liga Americana.

La temporada había sido fantástica para Rodriguez, quien casi logró llevar al equipo a la Serie Mundial. Para fin de año terminó su *contrato* con Los Marineros, convirtiéndose en *agente libre* para *firmar* con cualquier equipo—¡y siendo tan bueno tendría muchas opciones!

El 2000 también fue bueno para Alex porque pudo reconciliarse con su padre y darle la oportunidad de entrar de nuevo a su vida. Por fin, estaba listo para perdonarlo, incluso se encontraron para el Día del Padre e hicieron planes para construir una nueva relación.

Con Los Rangers

En el 2001, Los Rangers de Texas lo contrataron por un término de 10 años. Recibiría 250 millones de dólares (US) por la vigencia del contrato, el más grande en la historia del deporte en todos los tiempos.

Firmar con Los Rangers no cambió el buen desempeño de Alex. ¡De hecho,

Alex Rodriguez practica antes de un juego.

jugó aun mejor! Bateó 52 jonrones, lo que lo convertiría en el sexto jugador mas joven en batear más de 50 cuadrangulares en un año, abriendo todos los juegos de la temporada.

El año 2002 fue aún mejor—57 jonrones y 142 impulsadas—y ganó el premio Guante de Oro por primera vez, reconocimiento que se le da quienes juegan con excelencia en la *defensa*.

El 2001 y el 2002, Los Rangers no lo hicieron muy bien en su liga, quedando de último en ambas temporadas. El equipo no había ganado antes de que Rodriguez llegara, pero se suponía que era el indicado para cambiar esa situación y ayudarlos a ser grandiosos; pero para 2002 parecía que el plan no funcionaría.

En el 2003, las cosas no parecían estar mucho mejor, aunque Rodriguez tuvo otra gran temporada, pero el equipo aun no ganaba suficientes partidos. Alex convirtió 47 jonrones, más que ningún otro en la Liga Americana del año, y volvió a ganar el Guante de Oro y el premio MVP.

La del 2003 sería la última temporada de Rodriguez con Los Rangers. El equipo decidió *negociarlo*; inicialmente se planeo su traslado a Los

Rodríguez pronto jugaría con Los Yankees.

A-Rod (derecha) habla con su compañero Derek Jeter durante el juego contra los Gigantes de San Francisco en el Parque AT&T, San Francisco.

Medias Rojas de Boston pero pronto la negociación cambio a Los Yankees de Nueva York. Alex se trasladaría a esa ciudad, donde se nací.

Cuando se unió a Los Yankees, debía hacer algunos cambios—para empezar, su posición. Aunque siempre había juga- do campo corto, ahora jugaría tercera base, pues Derek Jeter ya era el campo corto. A-Rod también tuvo que cambiar el numero en su camiseta del acostumbrado numero 3 al número 13, ya que el 3 perteneció al legendario Babe Ruth y nadie más puede jugar con ese número.

Casco de bateo de Alex Rodriguez.

Rodríguez juega defensa en tercera base contra los Royals de Kansas City durante un partido en el Estadio de los Yankees.

Rodriguez no había cambiado su buena manera de jugar, y seguía trabajando duro para ser el mejor jugador posible. Ahora que estaba en la Ciudad de Nueva York, sabia que habría millones mirándolo y tenía que hacerlos sentir orgullosos.

Jugando con los Yankees

En su primera temporada con los Yankees, se desempeñó bien; bateó 36 jonrones y tuvo 106 carreras impulsadas.

Fue en esta temporada cuando anotó su jonrón número 350, siendo el beisbolista mas joven en apilar tantos jonrones. ¡También fue escogido para el Juego de Las Estrellas del 2004 por octavo año consecutivo!

Los Yankees clasificaron para los Juegos de Invierno en ese año y perdieron ante sus rivales de toda la vida, Los Medias Rojas de Boston; no pudieron coronar la Serie Mundial.

Babe Ruth

George Herman "Babe" Ruth ha sido llamado "el jugador mas dominante en la historia." Su marca de 60 jonrones en la temporada de 1927 no fue rota hasta 1961 cuando las temporadas se alargaron y el récord de sus 714 jonrones permaneció hasta que en 1974, cuando Hank Aaron bateó su cuadrangular número 715.

Comenzó como pitcher de Los Medias Rojas de Boston, lanzando 29 entradas y dos tercios de puntaje menos en la Serie Mundial. Babe era un bateador tan poderoso que lo ubicaban en la parte más externa del campo dando a entender que podía batear en todos los juegos. Los Yankees lo compraron en 1920 por US$125.000 (unos US$1.5 millones de hoy), lo que demostró ser una sabia inversión. Sus 14 temporadas de jonrones le hicieron ganar el título del "Sultán del Golpe" y el estadio de Los Yankees es todavía conocido como "la casa que Ruth construyó."

Durante su carrera, anotó 2174 carreras y bateó 2211 más. Su promedio de bateo fue de .847 en 1920, un récord que superara Barry Bonds con .863. en el año 2001. Era tan peligroso en el plató que los lanzadores le concedieron la base en 2056 ocasiones. Babe se retiró en 1935 a la edad de 40 años.

Alex no permitió que la derrota lo afectara. Al contrario, lo motivó a trabajar más duro. En el 2005, batearía 48 jonrones, más de lo que nadie anotara en la Liga Americana. En esta temporada batería su jonrón número 400 y una vez mas fue nombrado Jugador Más Valioso (MVP) de la Liga Americana.

En el 2006, convertiría 35 jonrones y 121 carreras impulsadas; sería elegido una vez más para estar en el Juego de Las Estrellas y adicionalmente alcanzaría su cuadrangular número 450. Aunque jugó bien, esta no sería su mejor temporada, pero sabía que podía hacerlo mejor y admitió a la prensa que esta había sido una de sus mas duras temporadas.

¡En el 2007, A-Rod quería un cambio total—y lo logró!

Capítulo 4

A-Rod en la Cima

¡Rodriguez sabía que podía ser aún mejor y se determinó a demostrarlo! En los primeros 10 juegos de la temporada, convirtió 7 jonrones, y alcanzó los 500 cuadrangulares de su carrera, convirtiéndose en el jugador mas joven el lograrlo. Bateó 54 jonrones y tuvo más de 150 carreras impulsadas, más que nadie en la liga. Fue el Jugador Más Valioso por tercera vez.

¡A-Rod golpea un jonrón!

*Asistente Especial de los Yankees,
Reggie Jackson*

Su contrato con Los Yankees estaba por terminar, pero él no quería dejar el equipo y así que firmaron un nuevo contrato por 10 años más.

En el año 2008, Rodriguez no estuvo tan bien como en la temporada anterior; solamente bateo 35 jonrones y 103 carreras impulsadas. Pero seguía siendo uno de los jugadores mas famosos del equipo y en el mundo entero, llenando de orgullo a la República Dominicana y viendo su nombre reconocido a nivel mundial.

Pero pronto estaría en las noticias por razones diferentes a la fama o el juego de beisbol. Los problemas empezaban a vislumbrarse.

A comienzos del 2009, la revista *Sports Illustrated* publicó la historia de Rodríguez en la que se dice que éste habría utilizado esteroides en el 2003. Al comienzo el jugador guardo silencio pero pronto confesó haber usado esteroides entre el 2001 y 2003. Dejó de usarlos después del entrenamiento de primavera de ese último año. Se culpó a si mismo por haber sido "joven y estúpido." Desafortunadamente, no todos han sido capaces de perdonar a Rodriguez—quien siempre había tenido cuidado de su reputación—y sus estúpidos errores lo perseguirán siempre. Muchos aficionados se preguntaban si la carrera de A-Rod sufriría por su consumo de drogas pero el jugador no permitió que esto lo desenfocara del beisbol. Él sabía que había cometido grandes errores y este era el momento para esforzarse mucho más.

Volviéndose a Levantar

Antes que empezara la temporada del 2009, los médicos encontraron un problema con la cadera del jugador, razón por la cual Rodriguez se ausentó de muchos juegos. Cuando finalmente estuvo de vuelta, Los

Alex Rodriguez bromea con sus compañeros de equipo antes del Juego de Las Estrellas en el Estado Ángel, el 13 de junio de 2010 en Anaheim, California.

Yankees ya habían perdido muchos partidos y necesitaban mejorar y ganar para ir a la temporada de invierno.

En el curso de la temporada, Los Yankees empezaron a ganar más y más, aunque Alex no estaba del todo listo y no pudo anotar más de 30 jonrones en la temporada regular ni llegó al Juego de Las Estrellas por primera vez en nueve años. Sin embargo, a Los Yankees les iba bien, y para la mitad del verano ya estaban en el primer lugar de la Liga Americana.

El equipo alcanzó su cupo en los juegos de invierno, enfrentándose a Los Mellizos de Minnesota. Alex jugó muy bien, ayudando al equipo a ganar la Serie y de ahí—¡hacia la Serie Mundial!

Ahí enfrentaron a Los Phillies de Philadelphia, donde lograron ventaja durante la mayor parte de la Series—y finalmente, en el sexto juego, Los Yankees se quedaron con el campeonato, con Alex Rodriguez como primer ganador. Había llegado a la cima del beisbol, rompiendo records y ganando millones de dólares—¡y ahora ganaba su primera Serie Mundial!

Lesiones

En la temporada de 2010, Rodriguez se convirtió en el séptimo jugador en batear más de 600 jonrones, habiendo terminado la temporada con 30 cuadrangulares y 125 carreras impulsadas. Aunque no había jugado su mejor año, lo había hecho muy bien; el 2011 se auguraba positivamente para el beisbolista.

Antes del Juego de Las Estrellas, estaba jugando bastante bien, pero a medida que se acercaba el juego, los doctores encontraron un problema en su rodilla: fue anotado en la lista de inhabilitados y no pudo estar en el juego después de todo.

Rodriguez volvió a jugar en agosto, pero se lastimó la mano en ese primer partido. Después de recuperarse, fue capaz de terminar la temporada habiendo bateado solo 16 jonrones y 62 carreras impulsadas. Llevaba 13 años consecutivos lanzando mas de 30 jon-

---

¿Sabía Usted...?

Que la mayoría de lesiones suceden en béisbol más que en deportes de alto contacto como el baloncesto, el futbol o el hockey. Las lesiones mas comunes en el béisbol son en los hombros y brazos, debido a que los jugadores hacen muchos lanzamientos. También ocurren lesiones en la cabeza, las rodillas y los tobillos cuando chocan al deslizarse hacia las bases y los jardineros se estiran para tratar de atrapar la pelota. Las fracturas son comunes en diferentes huesos, desde los dedos hasta las piernas, que pueden romperse o agrietarse.

Esteroides

Para muchos jugadores profesionales, la presión para desempeñarse bien es intensa. Los atletas enfrentan el stress para mejorar sus habilidades, fortaleza y velocidad en el béisbol. Desde los aficionados que quieren que sus figuras ganen y alcancen buenas estadísticas, hasta los entrenadores y managers de equipos que presionan a sus jugadores para lograr su máximo potencial y los jugadores mismos que están rodeados por otros atletas de clase mundial y sienten que necesitan superase y superarlos . . . la presión por llegar a la excelencia es máxima. Frecuentemente, un deportista busca químicos realzadores para alcanzar un nivel de competitividad tan alto que de otra forma no podrían lograr; esto nunca es legal y siempre es peligroso. Sin embargo, muchos beisbolistas de las Ligas Mayores se sienten empujados a usar drogas de rendimiento.

Los más comunes dentro de las drogas que realzan el rendimiento son los esteroides anabólicos. Estos químicos son similares a la testosterona que es la hormona masculina naturalmente producida por el organismo para ayudar y estimular el crecimiento de los músculos. Esa es la razón por la cual cuando un deportista toma esteroides anabólicos recibe un impulso en su velocidad y fortaleza mayor que lo que el cuerpo puede producir por si mismo. Las Grandes Ligas tanto como las otras organizaciones del deporte consideran que este consumo es hacer trampa.

Los esteroides pueden causar un alza poco saludable en los niveles de colesterol y presión sanguínea, lo que estresa al corazón, posibilitando enfermedades coronarias. En grandes dosis, pueden también causar falla hepática y tiene un efecto negativo en los niveles de azúcar en la sangre, causando problemas similares a los de la diabetes.

Si un adolescente (típicamente alguien menor de 17 años) consume esteroides anabólicos, los riesgos son frecuentemente mucho peores, pues éstos interrumpen e inhiben el crecimiento de los huesos con resultantes crecimientos atrofiados. Adicionalmente, los riesgos para el hígado y corazón son mayores debido a que estos órganos en un adolescente no están completamente maduros y son mas susceptibles al daño que los esteroides pueden producir. De hecho su consumo expone a problemas sicológicos que generalmente comienzan con agresividad pero con mucha frecuencia conlleva a situaciones aún más delicadas. Considerando estos riesgos para la salud, y el hecho de que los esteroides son casi universalmente prohibidos por las organizaciones deportivas, no deberían ser usados excepto por aquellos que tienen condiciones médicas legítimas que requieran su consumo.

¡El futuro tiene mucho más para Alex Rodriguez!

rones por temporada, pere ahora este registro había terminado.

Alex Rodriguez Hoy

Desde sus 18 años, Alex Rodriguez ha trabajado duro para hacerse su camino en las Grandes Ligas. Ha establecido registros, ganado millones y jugado en equipos a lo largo de los Estados Unidos; ha bateado más jonrones que cualquier jugador de su edad. No hay muchos jugadores tan famosos como él.

Nadie puede saber lo que le depara el futuro, pero es uno de los beisbolistas más exitosos de todos los tiempos, un nombre que millones de personas conocen. ¿Ganará otra Serie Mundial? ¿Será de nuevo el Jugador Más Valioso o establecerá mas records? Solo el tiempo lo dirá. Pero algo es seguro: A-Rod se ha convertido en una de las más grandes estrellas del beisbol.

Sirviendo de Inspiración a los Futuros Jugadores

La República Dominicana está orgullosa de reclamarlo como propio. Alex Rodriguez y todos los otros jugadores dominicanos en las Grandes Ligas son la inspiración de los chicos que juegan en las calles de su país, y que sueñan con ser el próximo A-Rod.

Pero Alex no siempre fue el jugador que hoy conocemos. Alguna vez fue un muchacho que amaba el béisbol tanto como otros muchos que crecen en la Quisqueya hoy. ¡Quien sabe cuál de ellos será el próximo A-Rod!

Descubra Más

Por Internet

Historia del Béisbol Dominicano

www.misterdeportes.com/no11/art05.htm

Kidzworldespañol

www.kidzworldespanol.com/articulo/2293-grandes-momentos-beisbol

LIDOM

www.lidom.com.do

MLB

mlb.mlb.com/es/index.jsp?c_id=mlb

En los Libros

Cruz, Hector H. *Béisbol Dominicano: Orígenes, Evolución, y Héroes.* Santo Domingo, D.R.: Alfa y Omega, 2006.

Kurlansky, Mark. *Las Estrellas Orientales: Como el Béisbol Cambio el Pueblo Dominicano de San Pedro de Macorís.* New York: Riverhead Books, 2010.

Wendel, Tim. *Lejos de Casa: Jugadores de Béisbol lations en los Estados Unidos.* Washington, D.C.: National Geographic, 2008.

Glosario

agente libre: Un jugador que al momento no tiene contrato con equipo alguno.

carreras impulsadas (RBI): Número de puntos que obtiene un bateador por lograr una anotación para su equipo.

cazatalentos: Personas a cargo de encontrar los mejores jugadores jóvenes para adherirse a los equipos para los cuales trabajan.

contrato: Un compromiso por escrito entre el jugador y el equipo en el que se registra la ganancia que devengará el beisbolista y la cuantía de tiempo.

cultura: La identidad de un grupo de gente que incluye gustos, creencias, idioma, comida, y arte.

defensa: Jugar evitando que el otro equipo anote, incluyendo las posiciones de jardín externo e interno, pitcher, y catcher.

división: Un grupo de equipos que compiten por el campeonato; en las Ligas Mayores, las Divisiones están determinadas por su ubicación geográfica.

firmar: Estar de acuerdo con lo contratado por algún equipo en particular.

gerente general: La persona a cargo de la dirección administrativa del equipo de béisbol, y quien es responsable de guiarlo.

herencia: Algo que se pasa desde las generaciones anteriores.

Juego de las Estrellas: El torneo jugado en julio entre los mejores jugadores de cada una de las dos ligas dentro de Grandes Ligas.

Ligas Mayores de Béisbol (MLB): El más alto nivel de béisbol profesional en los Estados Unidos y Canadá.

Ligas Menores: El nivel de béisbol Professional inmediatamente anterior a las Ligas Mayores.

lista de lesionados: Lista de jugadores que se han lesionado y no pueden jugar por algún período de tiempo no determinado.

negociar: Hacer un acuerdo con otro equipo para intercambiar jugadores.

novato: Jugador en su primer año dentro de las Ligas Mayores.

ofensiva: Jugar para anotar carreras estando al bate.

playoffs: Series de partidos que se juegan al final de la temporada regular para determiner quien ganará el campeonato.

profesional: Nivel de béisbol en que el jugador recibe remuneración.

promedio de bateo: Una estadística que mide la calidad del bateador, calculada al dividir el número de bateos logrados por las veces que toma el bate.

Índice